$T\overset{49}{\underset{6}{|}}32.$

DE L'INDEMNITÉ
DES ÉMIGRÉS,

DEVANT SERVIR DE BASE A DES INSTITUTIONS D'INTÉ-
RÊT GÉNÉRAL QUI LA FERAIENT CONSIDÉRER COMME
UN GRAND BIENFAIT PUBLIC.

Le vrai peut quelquefois n'être pas vraisemblable.
BOILEAU, *Art poét.*, ch. III.

A PARIS,

CHEZ ANTH^e. BOUCHER, IMPRIMEUR-LIBRAIRE,
RUE DES BONS-ENFANS, N°. 34;
ET CHEZ DELAUNAY, LIBRAIRE, AU PALAIS-ROYAL.

1824.

DE L'INDEMNITÉ DES ÉMIGRÉS,

DEVANT SERVIR DE BASE A DES INSTITUTIONS D'INTÉRÊT GÉNÉRAL QUI LA FERAIENT CONSIDÉRER COMME UN GRAND BIENFAIT PUBLIC.

L'INDEMNITÉ à donner aux émigrés est une de ces mesures de politique intérieure que tous les Français qui ont seulement conservé le sentiment du juste ou de l'injuste, approuvent.

Ceux qui élèvent leur pensée un peu plus haut, appellent de tous leurs vœux le gouvernement à présenter sans délais cette loi d'indemnité. Ils le désirent d'autant plus fortement, qu'ils la considèrent comme devant consacrer plus positivement le principe imprescriptible de la possession légitime de la propriété, auquel se rattachent les droits de souveraineté acquis aux descendans de Saint Louis sur les Français.

Il est si vrai que les droits de l'auguste famille qui nous gouverne sont inhérents à ceux de toute possession légitime, qu'à peine le trône fut-il renversé, que déjà tous les droits de propriété étaient compromis. Exils, arrestations arbitraires, proscriptions, maximum, spoliations mobilières et immobilières, devinrent les principes du gouvernement de cette sanglante époque, proclamant, dans son délire révolutionnaire, la nécessité de faire changer de mains toutes les propriétés pour consolider le nouvel ordre de choses, et pour arriver plus activement à ce funeste résultat (pour nous servir de l'expression du temps), *faisant battre monnaie sur la place de la révolution*, ce qui voulait exprimer l'horrible pensée que tout Français, *grand par ses titres, sa science ou sa fortune*, était condamné à périr par un fer parricide.

Il était donc bien naturel, lorsque le souverain légitime eût remonté sur son trône, de concevoir l'espérance que toutes les légitimités rentreraient en possession de leurs droits; mais une dure nécessité s'y opposa. Notre auguste Monarque ayant le désir d'être juste envers une partie de ses sujets, dut vouloir aussi que cet acte de justice ne devînt pas une source d'iniquités pour les autres. Dès-lors il consacra la légalité des ventes des biens aliénés pendant une trop longue révolution, attendant un temps plus opportun pour indemniser *nationalement* ceux que la loi fondamentale déshéritait à jamais de leur droit de propriété. Ce moment paraît enfin arrivé, puisque le Roi a daigné prononcer ces paroles de consolations : *Qu'il voulait que les dernières plaies de la révolution fussent fermées.*

Au nombre des fléaux si multipliés dont les Français furent les victimes pendant l'absence des Bourbons, pouvait-il être une calamité plus grande que celle de la spoliation révolutionnaire des propriétés consacrées par le gouvernement légitime, sans aucune indemnité en faveur de ceux qui en avaient été dépouillés, parce qu'ils avaient été fidèles à cette légitimité ? Aussi toutes les espérances des amis de la morale et de la paix publique se sont réveillées à la voix du Monarque bien-aimé, attendant en silence que sa volonté bienfaisante fût consacrée par une loi réparatrice de tant de maux.

Cependant, quelle que puisse être la justice de cette mesure, quelques avantages qui puissent en résulter pour la paix intérieure, il se trouve encore parmi nous de nombreux dissidens qui, n'ayant aucuns motifs raisonnables à faire valoir pour appuyer leur opinion, *à la vérité un peu révolutionnaire*, la présenteront à la multitude comme très nuisible à ses intérêts, puisque cette indemnité ne saurait avoir lieu, selon eux, qu'en augmentant les charges des contribuables. C'est donc pour contraindre au silence les détracteurs de cette mesure, et convaincre tous les Français que son adoption peut devenir une source d'abondance et de prospérité, que je crois devoir hasarder de présenter des moyens d'exécution qui, la rattachant à une institution utile à toute la société, serait considérée par elle comme un grand bienfait public.

De toutes les mesures qui peuvent être les plus agréables au gouvernement tout paternel d'un Bourbon, il n'en est point qui puisse fixer plus particulièrement son attention que celle qui serait destinée à préserver en tous les temps son peuple des disettes factices et réelles, et qui offrirait, par une autre combinaison, l'avantage d'éviter aux cultivateurs une calamité d'un autre genre, celle de la vente de leurs productions à vil prix; car, dans le premier cas, la population des villes est menacée de la misère et de la mort; dans le second cas, la population des campagnes arrive à une ruine certaine, dont le contre-coup, dans l'un et l'autre cas, se faisant sentir sur toute la consommation manufacturière, en paralyse les effets heureux pour toute la société.

La suppression des ordres religieux, la destruction des châteaux, la division des propriétés, ont privé la France de toutes les grandes réserves de blés qu'il faudrait pour nourrir sa population lorsque les récoltes sont successivement médiocres.

Il a été aussi reconnu que des greniers d'abondance étaient plus onéreux qu'avantageux ; *cependant on doit en excepter une ville, dont la population est aussi considérable que Paris, pour laquelle un grenier de réserve ne saurait être supprimé; car cette omission pourrait avoir, dans un temps de disette, des conséquences bien graves pour sa population et pour tous les départemens qui l'avoisinent;* c'est donc pour suppléer à tous ces moyens impossibles à réorganiser, (moyens cependant dont la destruction a multiplié les disettes depuis trente ans), que je proposerai de créer des institutions, dont l'indemnité à donner à ceux qui ont perdu leurs biens par la confiscation, serait la base. Ces institutions deviendraient encore le complément de notre système de crédit, en contribuant par les nouveaux moyens financiers qu'elles procureraient, à maintenir le prix élevé de nos rentes au-dessus du pair, en diminuant même la dotation de l'amortissement, et, en conséquence, conserver le taux de l'intérêt dans une proportion égale aux valeurs des productions territoriales et manufacturières; et enfin, en faisant réagir le crédit sur nous-mêmes, donneraient au gouvernement la possibilité de faire de nouveaux emprunts sans avoir recours aux capitaux étrangers.

Si le système dont je vais établir les bases, n'atteint pas entièrement le but que je me suis proposé; si je ne parviens pas à convaincre de la nécessité de son adoption, c'est que je n'en aurai pas assez bien démontré les avantages. Je croirais néanmoins avoir servi encore utilement mon pays, si, en ouvrant la carrière à un économiste plus versé en ces matières, il développait plus largement tous les moyens qu'on pourrait employer *pour réunir l'indemnité à un grand bienfait public.*

Indemnité à donner pour les biens vendus révolutionnairement.

1°. La rattacher à nos intérêts généraux;

2°. Démontrer que les capitaux donnés en indemnités ne seront point une nouvelle charge pour le trésor, mais seront même un moyen de produits pour lui bien supérieur aux charges créées pour cette indemnité;

3°. Établir que ceux qui recevront cette indemnité, en devenant actionnaires des institutions dont elle sera la base, auront acquis par cette association tous les droits politiques que confère la propriété;

4°. Que par cette association, la création de la rente à 4 pour o/o s'élèvera à 6 pour o/o, en faveur des indemnisés;

5°. Démontrer que par ces institutions, les blés acquerront un prix proportionnel aux impôts et aux frais de culture, et que par la conséquence du système ils ne peuvent s'élever à un taux disproportionné aux journées des ouvriers des villes;

6°. Qu'enfin, ces institutions devant faciliter des réserves volontaires de blés, accumuleront, au moins, deux récoltes, ce qui assurera la subsistance du peuple lorsque des intempéries les auront détruites en partie.

Telles devront être les conséquences de cette mesure, dont cependant je ne présente que très imparfaitement les avantages pour le crédit public, le crédit entre particuliers, pour le commerce et l'agriculture.

Indemnité, Banque départementale.

1°. Il sera créé, en remplacement des biens vendus au profit de l'État, des rentes annuelles de 3 pour 0/0 à 75 fr., pour la somme de 20 millions, inscrite au capital de 500 millions.

2°. Pendant cinq années, à compter du 1er. janvier 1825, il sera emprunté 20 millions par an pour acquitter la rente créée. Après la cinquième année, les 20 millions de rentes seront prélevés en entier sur la dotation de la Caisse d'Amortissement, attendu qu'à cette époque elle pourra souffrir ce prélèvement sans nuire au crédit public.

3°. Pour payer l'intérêt de l'emprunt de 20 millions, et l'amortir, il sera ouvert au trésor un crédit de

Deux millions la première année...	2,000,000
Quatre millions la deuxième année..	4 000,000
Six millions la troisième année.....	6,000,000
Huit millions la quatrième année....	8,000,000
Dix millions la cinquième année....	10,000,000

Il résulte de cette combinaison d'emprunts que, sans charger présentement le trésor, et par contre-coup les contribuables, la mesure projetée peut-être opérée.

Il résultera aussi que ces nouveaux emprunts étant peu considérables, ne porteront aucun préjudice au crédit des anciennes rentes.

Des Banques.

Art. 1. Des Banques départementales seront organisées, dans lesquelles seront déposées les 500 millions de capitaux de rentes à échanger en faveur des titulaires contre les actions de ces Banques, à l'effet, par eux, d'en toucher des dividendes proportionnés aux bénéfices des Banques.

Art. 2. Les 500 millions de capitaux seront vendus par les Banques selon des règles à établir pour que ces ventes soient faites en temps utile, et de manière à n'en pas faire baisser le prix.

Art. 3. Le numéraire produit par la vente des 500 millions formerait le fonds des Banques, au moyen duquel elles feraient les opérations dont il sera parlé ci-après.

Art. 4. Elles mettront en circulation des billets de confiance de 100 à 500 fr., en proportion du numéraire que chaque Banque possédera.

Art. 5. Elles escompteront à 4 pour 0/0 tout effet

de propriétaire qui, préalablement, aurait consenti, au profit des Banques, une hypothèque.

Art. 6. Elles escompteront des effets de commerce endossés par des propriétaires qui auront rempli la même formalité.

Art. 7. Elles escompteront, à 3 pour 0/0, des effets de fermiers endossés par deux propriétaires non hypothécaires, pour la valeur des blés récoltés, et déclarés en dépôt dans le grenier du fermier, ou de l'un des propriétaires.

Art. 8. Elles escompteront les effets des banquiers et des commerçans avec le même nombre de signatures que pour la Banque de France.

Art. 9. Quand les blés auront atteint un prix qui aurait été déterminé par avance par le gouvernement par division militaire, ces sortes d'emprunts seront exigibles à deux mois de terme, ou lors de la vente du blé dans les deux mois.

Art. 10. Les premiers titulaires des actions de ces Banques, c'est-à-dire ceux qui seraient porteurs du titre d'indemnité, jouiront des mêmes droits civils et politiques que pourrait leur donner la possession d'un immeuble de valeur égale à celle utile pour l'obtention de ces droits.

Par l'organisation de ces Banques, on multiplierait le signe représentatif des échanges. En le multipliant, on maintiendrait le haut prix des rentes du gouvernement en maintenant aussi le taux de l'argent dans la proportion du produit des terres et de l'industrie manufacturière.

Il résulterait encore de ces institutions, que les emprunts que le gouvernement pourrait faire par la suite, se feraient au moyen de nos Banques départementales, sans qu'il fût indispensable de recourir aux banquiers étrangers, dont le secours est toujours très onéreux, quoique même on ne puisse y compter dans les temps extraordinaires. Nos Banques et nos capitalistes, dont le nombre serait plus considérable, deviendraient, dans des temps peu éloignés, propriétaires des rentes possédées par les étrangers, ce qui rendrait à la circulation intérieure les intérêts annuels payés par le trésor à ces étrangers.

Enfin, en multipliant le signe des échanges en proportion avec nos besoins, non-seulement nous ne recourrions point aux étrangers pour acheter du numéraire, mais nous pourrions nous-mêmes en fournir à celles des nations dont les institutions financières sont encore plongées dans la barbarie des temps anciens, c'est-à-dire, celles qui n'ont point encore organisé les moyens de crédit que commandent les besoins actuels de la société. En émettant ces actions de banque, les capitalistes trouveront un nouveau moyen de placement, sans que pour cela les capitaux s'éloignent des départemens. Ils pourraient aussi y déposer ceux dont ils n'ont pas l'emploi, et ils pourraient le faire, sans encourir le danger que doit craindre celui qui confie ses fonds à des tiers, à quelque titre que ce puisse être ; car, dans un temps où les jeux de bourse peuvent, en vingt-quatre heures, culbuter les fortunes les mieux établies, où les banqueroutes les plus frauduleuses ne sont plus une ignominie, quelle garantie peut-on avoir, à moins que ce ne soit par des placemens sur des institutions régies par des lois fixes, sous la surveillance du Gouvernement, et des actionnaires de ces institutions offrant des garanties inviolables et à l'abri de toute chance personnelle.

En multipliant le signe des échanges, et particulièrement dans nos départemens, on donnera aux cultivateurs et aux propriétaires les moyens de conserver en dépôt leurs récoltes, en leur avançant, ainsi que je l'ai dit, des capitaux à 3 pour o/o, sur une valeur égale de leurs blés, et jusqu'à ce que les blés soient arrivés à une hauteur proportionnée au prix de la culture : car il a été facile d'observer que les premiers qui se décident à les vendre à vil prix, sont ceux qui sont sans crédit ou les plus gênés, et ceux qui les conservent, sont ceux qui sont capitalistes en même temps qu'ils sont propriétaires. Procurez donc des capitaux à un taux qui présente un bénéfice, en conservant des blés, et de nombreuses réserves auront lieu; alors vous pourrez ouvrir vos ports pour les faire sortir, n'ayant plus la crainte d'être trompés par une fausse apparence d'abondance, qui fait qu'il peut arriver, que six mois après leur sortie, vous soyez obligé de les racheter de vos voisins à un prix inaccessible à la classe ouvrière, ce qui arriva en 1812, et ce qui arrivera encore par le système actuel, puisque très positivement il n'y a plus de réserve assurée quand une récolte éprouve des intempéries qui la détruisent en partie.

Ces expériences, puisées dans un passé qui est peu éloigné de nous, doivent suffire pour prouver la nécessité d'adopter des moyens qui mettraient à l'abri la population ouvrière des campagnes du prix trop vil des céréales ou de leur prix trop élevé pour celle des villes. C'est en atteignant à ce but que la mesure de l'indemnité envers les émigrés, pourra être considérée à juste titre comme se rattachant à nos intérêts généraux et à nos intérêts les plus précieux, ceux d'assurer la subsistance du peuple.

Il me reste à prouver que l'indemnité donnée ne serait pas une charge pour le trésor, mais pourrait être même un moyen d'augmentation de produit, *peut-être supérieur aux charges créées par le Gouvernement pour la payer.*

Pour aborder franchement la question, j'avouerai que la charge annuelle sera de 20 millions. Les moyens de faire les premiers paiemens, tels que je les ai présentés, ne pouvant être considérés que comme reportant sur un temps plus reculé et plus opportun le remboursement des 20 millions à créer les cinq premières années; plus opportun, parce que nos banques ayant été organisées, et par leurs moyens tous les capitaux devenant disponibles au profit de la société, elle en recevrait un tel mouvement d'affaires et de consommation que les recettes du Trésor s'élèveraient bien au-delà de la somme d'amortissement créée pour l'extinction des 100 millions empruntés pendant les cinq premières années.

Ces propositions ne peuvent être comprises par tout le monde; mais ce qui tombe sous le sens le plus commun, c'est que les biens des émigrés acquerront plus de valeur et auront un cours plus facile: en ce cas leurs mutations, à quelque titre que ce puisse être, produiront des droits d'enregistrement plus considérables. Il est positif aussi que cette masse d'hommes, dont la fortune augmentera, multipliera ses correspondances, multipliera ses relations commerciales et de consommation, ce qui doit augmenter considérablement le produit des postes, du papier timbré, des droits d'entrées et des impôts indirects de toute nature. En élevant tous ces droits à 20 millions, c'est apprécier beaucoup trop bas, selon mon opinion, le résultat qui s'ensuivra pour le trésor.

Si, d'un côté, il y a augmentation de produit, il faut aussi ajouter qu'il y aura diminution de dépense; car je ne doute pas que nos banques, en recevant leur privilége pour cent ans, ne voulussent accepter la condition de faire les recettes et les paiemens du trésor dans les départemens par abonnement, à moitié prix de ce qu'il paie pour ces opérations.

Si ceux qui ne réfléchissent sur aucun des grands phénomènes qui conduisent la machine financière d'un gouvernement, voulaient cependant un instant suivre le mouvement d'un million seulement distribué, non à ceux qui ont le superflu, mais bien à ceux qui manquent du nécessaire; en le divisant seulement par 500 fr., ils verraient ce million circulant dans la même année, de la main de celui qui l'aurait reçu dans mille mains, augmentant dans chacune les moyens de consommation, et par suite laissant par chaque mutation une partie de sa valeur au trésor, de telle manière qu'il ne serait pas invraisemblable qu'avant la fin de l'année ce même million ne fût revenu au gouvernement qui l'aurait dépensé.

Et comment comprendre autrement l'accroissement des 20 milliards de dette en Angleterre avec ce niveau si parfait, et même toujours à l'avantage du trésor, du produit des recettes et des dépenses?

Mais, objectera-t-on, pour qu'il y ait un véritable moyen de reproduction financière, il serait nécessaire que ces émissions de papier fussent du numéraire effectif, et non son représentatif, dont l'un porte un dividende de 4 pour cent, et l'autre, payable au porteur, ne produit aucun intérêt, parce qu'il fait l'office de monnaie.

Cette objection sera faite nécessairement par le plus grand nombre, parce qu'il faut avoir étudié et réfléchi sur la science économique, pour apprécier à sa juste valeur les avantages que procurent les billets de confiance émis proportionnellement aux besoins d'une nation commerçante et agricole, et que malheureusement peu de personnes s'occupent exclusivement d'une science dont le perfectionnement, cependant, tendrait à augmenter la masse de bonheur et d'aisance d'une nation. A ceux-ci nous dirons: *Croyez, attendez les résultats, et gardez le silence;* car vous pourriez, en déraisonnant avec apparence de raison, entraver tout le bien que nous nous proposons.

Aux autres, c'est-à-dire à ceux qui professent ou qui ont étudié cette science, nous leur dirons d'apporter plus de bonne foi qu'on en a mis dans la discussion sur la réduction des rentes, et à nous aider de leurs conseils et de leurs lumières pour perfectionner et établir le système que nous proposons, attendu qu'ils ne peuvent ignorer que des billets de confiance mis en circulation avec modération, c'est-à-dire en proportion des besoins des échanges, ajoutent à la richesse des nations. Et si les uns et les autres veulent être persuadés par *des autorités écrites*, je leur rappellerai ce qu'a écrit Smith, et plus nouvellement encore M. J. B. Say, pag. 433-435, 36 et 37, Ier. volume de son

2

Traité d'Économie politique; ils se convraincront de la nécessité de la création des Banques, afin de fonder solidement notre système de crédit, qui n'étant point appuyé par des institutions secondaires, doit être considéré comme un peu trop aérien , c'est-à-dire susceptible de grandes variations, selon que l'atmosphère politique est plus ou moins orageux.

Nous avons donc vu que nos 4 pour cent, au capital de 500 millions, répartis sur une classe de la société, dont la plus grande partie est dans une médiocre situation, et dont les autres approchent de la misère, acquérant par l'indemnité de nouveaux moyens de consommation, contribueront à augmenter l'aisance de toutes les classes productrices, parce que ces consommateurs ouvriront de nouveaux débouchés à leurs marchandises, ce qui, en définitif, procurera indirectement au Trésor une recette plus forte que les 20 millions pour payer les intérêts annuels des 500 millions de capitaux de ces nouvelles rentes créées pour l'indemnité.

Dans les avantages qui se trouvent encore à cette mesure, on ne doit point omettre celui de débarrasser la liste civile d'une charge annuelle considérable de pensions au profit des émigrés, charge qui surpasse peut-être celle dont le Trésor serait grevé pendant les premières années. Et enfin, toutes les classes de la société doivent reconnaître qu'un grand nombre d'anciennes familles, que la nécessité a contraintes à accepter des *places dérogeantes*, s'empresseraient de les céder à des individus auxquels la naissance et les habitudes les font désirer comme un bienfait du gouvernement.

Ainsi, le résultat positif de ce grand acte de justice serait donc de prélever, sur toute la société, une somme annuelle de 20 millions qui rentreraient à cette société par d'autres canaux de circulation dans le même espace de temps.

Je pense que pour mieux me faire comprendre, il serait à propos d'expliquer une partie de l'effet des Banques, en présentant le tableau de la multiplication de ces capitaux, opérant sur une plus grande masse de consommation. Je vais donc le faire de la manière la plus concluante qu'il me sera possible.

Nous avons pris pour base de nos institutions un capital d'indemnité de 500 millions, produisant 4 pour cent.

Nous avons donc dans nos Banques, par la vente des rentes ci-dessus, une somme numéraire égale à 500 millions.

Nous avons donné en échange de ces 500 millions, pareille valeur en actions de nos Banques, c'est-à-dire 500 millions, rapportant 6 pour cent, avec l'espérance d'une augmentation de capital d'autant plus facile à croire, que les actions de la Banque de France, en y réunissant les réserves payées et celles retenues, ont plus que doublé de valeur.

Cette masse de 500 millions en numéraire déposés dans nos banques, la sûreté des placemens dans ces institutions, doivent promettre le dépôt volontaire d'une somme égale en numéraire à 500 millions, au moyen desquels capitaux réunis, formant un milliard, nos banques peuvent émettre, en billets de confiance, une somme égale à la moitié du numéraire de nos Banques, c'est-à-dire, mettre en circulation 500 millions ; d'où il résulte que nos Banques, organisées dans toute la France, opéreraient sur un capital d'un milliard 500 millions ; il résulterait aussi que si les 20 millions de rentes donnés en indemnité doivent produire au trésor une augmentation de recette de .... 20 millions,
nos 500 millions en actions, placés
dans les mains des indemnisés, rendant un tiers en sus, produiraient encore au trésor une augmentation de. . 10 millions.
_____

Total de l'augmentation de la recette, 30 millions.

Qu'on ne nous dise pas qu'il y a double emploi dans cette manière de présenter l'opération ; car s'il est vrai que les actions de nos Banques ne sont que l'échange des indemnités, on ne doit pas perdre de vue que nos Banques, à leur tour, auront pu émettre des valeurs réelles pour une somme égale à leurs actions; d'où il résulte évidemment une émission d'espèces plus considérable du double que l'indemnité; conséquemment il doit résulter, pour le trésor, une augmentation de recette de plus du double.

Mais, dira-t-on encore, cette multiplication de capitaux en circulation, faisant augmenter la valeur des productions, le bénéfice sera nul pour la société, et peu de chose pour le gouvernement, qui les achètera plus cher. Rien ne serait plus vrai que cette objection, s'il était vrai aussi que ces émissions fussent hors de proportion avec nos besoins, et qu'elles ne fussent destinées qu'à mettre en circulation une plus grande quantité de moyens d'échange que l'état actuel de la société ne l'exige; mais ces institutions sont destinées particulièrement à augmenter l'aisance de toutes les classes de la société; en l'augmentant, à faire consommer une plus grande quantité de productions; et en les consommant, à les faire payer à un prix proportionné aux frais qu'elles coûtent au producteur ; elles sont destinées aussi à rendre le milliard d'impôt proportionnel aux productions, tandis que les consommateurs et l'impôt n'étant plus en proportion avec elles, elles s'accumulent, elles s'avilissent, et finissent, en se détériorant, par se détruire et devenir une perte pour toute la société.

Donc, s'il y a élévation de prix dans les productions, cette augmentation n'est que la conséquence d'une plus grande consommation, consommation qui n'existait qu'imparfaitement, parce qu'une grande partie de la société n'avait point les moyens de consommer. Par des émissions plus considérables de valeurs faisant office de numéraire ou de capitaux produisant des intérêts, vous rétablissez les moyens d'existence d'une partie de la société; vous rétablissez aussi, dans ces départemens, le niveau du numéraire, qui avaient été détruits par les funestes effets de la concentration des capitaux sur Paris et sur quelques grandes places de commerce de la France.

Ainsi donc le Trésor aura gagné au moins 30 millions annuellement, et n'aura dû cet accroissement de produit qu'à une augmentation proportionnelle de consommation ; car si on admettait dans les productions une élévation trop disproportionnée avec les prix actuels, il résulterait évidemment que les recettes du Trésor ne s'éleveraient pas seulement à 30 millions, mais à des sommes plus du double de celles que nous croyons devoir lui assigner sans exagération.

Je crois avoir assez démontré que, par ces institutions, les richesses de la nation auront augmenté, positivement, pour que je n'étende pas davantage une discussion que cet abrégé de doctrines ne permet pas d'expliquer plus longuement.

De l'Immobilisation de l'Indemnité.

En immobilisant pendant dix ans seulement les capitaux de ces 20 millions de rente au profit des banques départementales, on procurerait à la société en général, l'avantage de reporter sur les départemens, et de les y fixer, une partie des familles de ceux qui seraient indemnisés; on éviterait l'inconvénient du discrédit que pourrait occasionner une grande quantité de ces rentes vendues à Paris trop rapidement, et on créerait un moyen d'augmentation de leur produit au profit des premiers détenteurs, en les rendant titulaires des actions de nos banques, ce qui leur donnerait droit à des dividendes bien supérieurs aux intérêts annuels de leurs capitaux actuels.

La société bénéficierait encore par ces établissemens, de tous les capitaux qui restent en stagnation, attendu que, par ces centralisations de banque, tout propriétaire, tout fabricant ou marchand, ne garde en sa possession que le numéraire utile à ses besoins journaliers, préférant le mettre en dépôt à compte courant dans ces institutions, pour en retirer un lucre annuel ; attendu aussi que cent individus faisant des affaires, ont besoin d'une plus grande quantité de numéraire en réserve, qu'une seule maison de banque pour répondre à tous leurs besoins journaliers.

Certes, je serais loin de proposer ces institutions, s'il m'était démontré que nos moyens d'échange sont en proportion des affaires qui se font et de celles qui peuvent se faire encore, et qui se feraient bien certainement par le mouvement industriel que procureraient ces banques ; je dois d'autant mieux être persuadé de leur utilité, que nous ne pouvons encore faire aucune opération majeure de finances sans recourir aux banquiers étrangers et à leurs capitalistes ; que même avec leur secours, qui est toujours momentané, on doit craindre que si on ne soutient pas notre crédit public par cette autre mesure qui doit en être le complément (*l'Éta-blissement des banques départementales*), on doit craindre, dis-je, que, dans des temps extraordinaires, la rente, livrée à elle-même, n'éprouve une baisse considérable, ce que nous devons éviter, soit dans l'intérêt de la société tout entière, soit dans l'intérêt des rentiers.

Enfin, le chef-d'œuvre de tout système de finances, pour toutes les nations, serait de donner les moyens de reporter sur les extrémités la surabondance des capitaux entassés dans les capitales, de les niveler de province à province, et arriver à faire toutes leurs opérations de crédit sur elles-mêmes; de manière que les emprunts faits ou à faire par leur gouvernement, produisant des intérêts versés dans la circulation, facilitassent de nouvelles consommations, et par elles, produisissent des impôts qui fourniraient au trésor le moyen de payer ces mêmes intérêts.

Je terminerai cet abrégé, trop succinct pour démontrer complètement toute l'utilité de nos banques départementales, en ajoutant seulement que, par elles, le taux de l'intérêt de l'argent à 3 et 4 p. 0/0, étant le taux commun des escomptes, une partie des capitalistes, pour obtenir un taux plus élevé, se décideront à faire leur placement par hypothèque en rente constituée, c'est-à-dire, en aliénant le capital, seul et unique moyen de conserver intégralement les biens du père de famille, puisque avec ces sortes de prêts, un des cohéritiers pourrait, sans crainte de l'expropriation, dont est toujours menacé celui qui a des obligations à termes, s'engager à payer en numéraire la portion héréditaire appartenant à ses autres cohéritiers.

Et je représenterai enfin, que les ministres de la religion n'auraient plus autant à combattre entre le devoir impérieux qui leur commande de n'autoriser que ces sortes de prêts, et la loi civile qui permet le contraire, attendu que ce placement étant plus élevé que tout autre, on le préférerait volontairement.

Ainsi donc, nos lois civiles ne sont pas seulement un obstacle à la conservation intégrale des propriétés; les lois financières, qui facilitent l'élévation disproportionnée du taux de l'argent, agissent si puissamment sur les valeurs territoriales, qu'il est difficile qu'elles restent long-temps dans les mêmes familles et qu'elles ne finissent par une division à l'infini; telle est la conséquence d'un système financier si peu en harmonie avec les besoins généraux de la société, que tout système contraire ne peut que produire des résultats tellement avantageux, que la nation en masse en ressentira les effets sans qu'aucune des parties de la société puisse en éprouver la moindre perte.

Tel ne peut être l'effet immédiat de la réduction de la rente, qui doit froisser quelques intérêts particuliers au bénéfice de la nation tout entière, mais que les institutions de nos banques feront cesser en grande partie en maintenant en hausse nos 3 pour o/o, et par ce moyen procurant en tous les temps à nos rentiers la faculté du remboursement avec un grand bénéfice du cinquième retenu sur leur 5 pour o/o.

C'est à la méditation des hommes instruits en finances que je soumets ces vues d'intérêt public; c'est particulièrement à celui qui a eu le courage de confondre les intérêts généraux de la nation avec ceux de Paris, que je soumets plus particulièrement ce nouveau système, afin que si dans sa sagesse il croit devoir l'adopter, il retire, dans un temps peu éloigné, tout le fruit que lui mérite sa persévérance à défendre nos intérêts généraux; et que, par l'adoption de toutes ces mesures de finances, la prospérité publique, allant toujours croissant, porte les Français aux sentimens les plus vifs de reconnaissance et d'amour pour notre auguste Monarque, qui en sera le fondateur.

OBSERVATIONS.

Le système que je présente était sous presse lorsque la loi sur la réduction de la rente a été rejetée.

J'avais tellement la persuasion que cette mesure serait convertie en loi, que j'avais basé l'indemnité à donner en rentes à 4 pour o/o.

Comme je crois encore que cette réduction ne peut être qu'ajournée, et que mon système d'indemnité prouve matériellement que le Gouvernement *pouvait indemniser les émigrés, sans qu'il fût utile de dépouiller les rentiers*, ou, ce qui est la même chose, que les deux mesures étaient très distinctes, n'ayant aucun rapport entre elles, je me décide à ne faire aucun changement aux épreuves que j'ai sous les yeux.

Imprimerie Anth'. Boucher, rue des Bons-Enfans, n°. 34.

www.ingramcontent.com/pod-product-compliance
Lightning Source LLC
Chambersburg PA
CBHW070451080426
42451CB00025B/2701